Armin Täubner

Fensterbilder

fürs Kinderzimmer

ISBN 3-7724-1214-9 · Best.-Nr. 1214 · © Copyright 1988 by Frech
4. 5. Auflage
Erste Zahl maßgebend
frech-verlag
Jahr: 1992 91 90 89
Letzte Zahl maßgebend
Printed in Western Germany · Druck: Frech, Stuttgart-Weilimdorf

Fensterbilder aus Tonkarton wurden von gestern auf heute zum aktuellsten Fensterschmuck. Viele davon finden in einem Kinderzimmer ihren endgültigen Platz. Und doch gibt es, wenn ich es recht weiß, noch kein Vorlagenbuch, das ganz speziell auf die Bedürfnisse des Kindes ausgerichtet ist.
Sicher finden Sie unter den Modellen dieses Buches auch für Ihr Kind genau das Richtige. Ich empfehle aber, kleine Abwandlungen vorzunehmen. Ihr Kind freut sich besonders, wenn es sich in Ihrem Bild wiedererkennt. Geben Sie also einer Figur die Haarfarbe des Kindes und dem Kleid die Farbe, die es gern trägt.
Und noch etwas: Hängen Sie die Fensterbilder im Kinderzimmer nicht zu hoch. Sehen Sie mit den Augen des Kindes! Nicht zufällig hat die Fotografin viele der Bilder auf die Fensterbank aufgesetzt. Unabhängig davon können Sie die Aufhängung mit dem Faden beibehalten.

Armin Täubner

Es ist genug für alle da!

Die Stiefel und die linke Hand von hinten am Mantel befestigen. Auf die Vorderseite das Gesicht und darüber das blonde Haarteil kleben. An dem rechten Arm von hinten die Hand anbringen. Die roten Knöpfe, den Korb und anschließend den rechten Arm ankleben. Das Mädchen und die Tiere auf den Rahmen kleben.

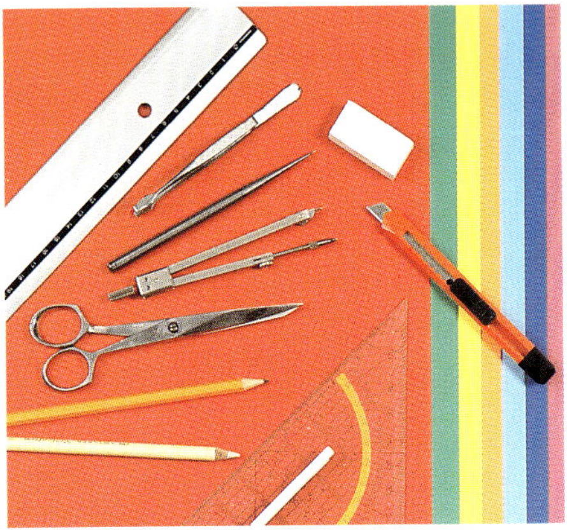

Arbeitsmaterial und Werkzeuge

Tonpapier und Tonkarton

Fensterbilder werden hauptsächlich aus Tonkarton gearbeitet. Tonkarton ist formstabiler und weniger lichtdurchlässig als Tonpapier. Die Lichtdurchlässigkeit spielt aber nur bei mehrfarbigen Fensterbildern eine Rolle. Werden Motive aus mehreren Papierteilen zusammengeklebt, sind die darunterliegenden Teile als scharf abgegrenzte, dunklere Bereiche sichtbar, was sich als überaus störend auf den Gesamteindruck auswirken kann. Tonpapier eignet sich für kleinformatige, einfarbige Fensterbilder.

Je größer die Fensterbilder sind, desto wichtiger ist die Verwendung von Tonkarton, wobei unter Umständen sogar zwei Kartonteile aufeinandergeklebt werden müssen, um die benötigte Formstabilität zu erreichen. Bei mehrfarbigen Fensterbildern haben Teile aus Tonpapier vorwiegend dekorative Funktion, d. h. es werden nur kleine, nichttragende Teile daraus gearbeitet, z. B. Blüten, Schmetterlinge etc. Da weder Tonpapier noch Tonkarton lichtecht sind, muß also damit gerechnet werden, daß die anfangs kräftigen Farben am Fenster an Intensität einbüßen. Bei Fensterbildern aus Tonkarton bleicht die „Außenseite" aus, während die dem Wohnbereich zugewandte Seite überwiegend ihre Farbigkeit behält.

Schneidewerkzeuge

Neben der Schere, an die wir unwillkürlich denken, wenn Papier geschnitten werden soll, gibt es noch verschiedene Messer und Klingen, die für manche Schneidearbeiten unerläßlich sind.

Scheren

Für unseren Zweck kommen drei Ausführungen in Frage:

- **die spitze, mittelgroße Schere,** mit der die Motive aus Papier oder Karton zunächst grob und die Umrisse großenteils exakt ausgeschnitten werden,
- **die spitze, kleine Schere,** mit der feinste Schnitte möglich sind,
- **die Nagelschere,** mit der vorwiegend Rundungen und Wölbungen aus bereits ausgeschnittenen Figuren und Formen herausgeschnitten werden.

Bastelmesser

Dieses Messer hat eine lange, verschiebbare Klinge, von der jeweils das vordere Stück abgebrochen werden kann, wenn die Spitze stumpf, bzw. abgenutzt ist.

Mit dem Messer können exakte Schnitte an den für die Scheren unzugänglichen Stellen ausgeführt werden. Vor allem, wenn aus einer bereits ausgeschnittenen Form beispielsweise Fensteröffnungen oder Muster herausgeschnitten werden sollen, kann auf das Messer nicht verzichtet werden. Manchmal können diese Schnitte auch mit der Schere ausgeführt werden, doch bekommt der Tonkarton dann unerwünschte Druckstellen, Knicke oder unsaubere Ränder. Wer etwas Übung mit dem Messer hat, gibt bei fast allen anfallenden

Schneidearbeiten schon bald dem Messer gegenüber der Schere den Vorzug.

Die **Handhabung** ist sehr einfach. Das Messer wird wie ein Füllfederhalter oder ein Kugelschreiber gehalten und zügig über Papier und Karton geführt.
Als **Schneideunterlage** dient ein Karton oder ein Holzbrett. Ist die Unterlage durch viele Schnitte zerfurcht, besteht die Gefahr, daß die Klinge beim Ausschneiden abgelenkt wird. Deshalb die Unterlage rechtzeitig auswechseln.

Sonstige Werkzeuge und Hilfsmittel

Pinzetten
Sie sind hilfreich beim Handhaben kleiner Teile, beispielsweise beim Ausschneiden und Aufkleben von Nasen, Augen u. ä.

Wäscheklammern
Mit ihnen werden frisch angeklebte Teile bis zur Trocknung des Klebstoffs fixiert und so am Verrutschen gehindert.

Klammerhefter
Sollen zwei identische Teile aus Papier oder Karton ausgeschnitten werden, einfach zwei Lagen aufeinanderlegen, grob das Motiv ausschneiden und außerhalb des Umrisses beide Papiere bzw. Kartons mit einigen Klammern zusammenheften. Beide Teile können nun nicht mehr verrutschen und sauber mit Schere oder Messer ausgeschnitten werden.

Radiergummi und Radierstift
Sie werden sowohl für das Entfernen der Bleistiftumrisse als auch für das Ausradieren von Klebstoffspuren benötigt. Beim Zusammenkleben der Fensterbilder kann es vor allem bei Flüssigklebern vorkommen, daß darauf Klebstoffränder oder -flecken entstehen. Zum Entfernen eignen sich am besten Glasradiergummis. Aufgetrocknete Klebstoffflecken lassen sich manchmal mit dem Messer abkratzen oder man klebt einfach einen kleinen Schmetterling, eine Blüte, o. ä. darüber.

Klebstoff
Zum Kleben von Papier und Pappe ist der Prittstift besonders praktisch und einfach zu handhaben, zumal dabei an den Schnitträndern kein Klebstoff hervorquellen kann.
Wollfäden, Schleifen und ähnliches sollten aber besser mit dem Pritt Alleskleber aus der Flasche geklebt werden.

Herstellen von Schablonen
Die Konturen werden mit spitzem Bleistift auf Transparentpapier übertragen und grob ausgeschnitten. Konturen von Fenstern, Kreise und Halbkreise evtl. mit Lineal bzw. Zirkel auf das Transparentpapier zeichnen. Anschließend klebt man diese Umrisse auf stärkeres Papier und schneidet sie mit Schere oder Messer exakt aus. Mit Hilfe dieser Schablonen werden die Umrisse auf Tonkarton bzw. -papier übertragen und dann ausgeschnitten.

Zum Glück hab' ich meinen Schirm dabei

Zwischen die beiden blauen Mantelteile die Hände und die Schuhe kleben. Der Kopf (gestrichelt) paßt genau in den nach oben erweiterten Mantel. Von vorne das Haarteil mit dem Gesichtsausschnitt und von hinten paßgenau das andere Haarteil anbringen. Das Gesicht mit Bleistift vorzeichnen und mit schwarzem Filzstift nachziehen. Für die Wangen einen roten Holzfarbstift verwenden.

Zwischen die beiden Schirmteile den Schirmstock kleben. Den Schirm an der rechten Hand und von vorne und hinten am Haar befestigen. Nun wird das Mädchen zwischen Daumen und Zeigefinger ausbalanciert und das Aufhängeloch eingestochen. Am daran angebundenen Faden wird die darüberhängende Wolke befestigt. Zuletzt mit Filzstift einige Regentropfen aufzeichnen.

Das ist mein Bruder Daniel

Mädchen: Am Mantel die Hände durch Aufkleben der gelben Ärmelsäume befestigen. Von hinten die Schuhe am Mantel fixieren.

Den Kopf (durchgezogene Linie) an den Mantel (punktiert) anlegen. Das aufgeklebte vordere Haarteil (gestrichelt) verbindet Kopf und Mantel. Von der Rückseite das zweite Haarteil (durchgezogene Linie) anbringen.

Puppenwagen: Zwischen die beiden dekkungsgleichen, roten Wagenteile (gestrichelt) den Jungen mit dem ovalen Gesicht sowie den Schiebegriff kleben. Die Räder befestigen. Zuerst das Mädchen, dann den Puppenwagen auf dem grünen Rahmen fixieren.

Mein Freund Teddy und ich

Teddybär: Auf den braunen Leib beidseitig das weiße Hemd kleben. Die rechte Vorderpfote auf dem Hemd fixieren.

Mädchen: An den Schuhen die Hose ankleben. Bevor der Pullover angeklebt werden kann, die linke Hand von hinten am Ärmel anbringen; die rechte Hand auf dem Pullover fixieren. Das Gesicht aufzeichnen und auf das gelbe Haarteil kleben. Beide Haarteile von vorne bzw. von hinten auf dem Pullover befestigen. Die Zopfbänder mit blauem Filzstift aufmalen.

Mädchen und Teddy samt den drei Bällen auf der ovalen Bodenscheibe anbringen.

Hm! Riecht das lecker!

Nur das blonde Haarteil doppelt ausschneiden.

Mädchen: An die Hosenbeine von hinten die Schuhe ankleben. Auf der Hose von vorne das grüne Hemd anbringen. Das Gesicht durch die zwei beidseitig aufgeklebten Haarteile mit dem Hemd verbinden. Von hinten die Hand sowie den Futternapf und das Futter ankleben.

Vogel und Katze mit rotem und schwarzem Filzstift bemalen. Zur richtigen Plazierung auf dem Rasenstück die Figuren auf den Vorlagebogen legen und zusammenkleben.

Erste Freundschaft

Die blonden und braunen Haarteile sowie das blaue Kleidchen doppelt ausschneiden. Alle übrigen Teile werden nur einmal benötigt.
Für die richtige Plazierung der Figuren die einzelnen Teile auf die Schnittvorlage legen. Auf dem grünen Rahmen die weiße Bank anbringen.

Brünettes Mädchen: Zwischen die beiden blauen Kleidteile die Arme kleben. Auf Vorder- und Rückseite jeweils ein braunes Haarteil befestigen.

Blondes Mädchen: Am roten Kleid beidseitig die beiden blonden Haarteile fixieren. Die Hände ankleben.
Beide Kinder auf der Bank plazieren, und die Beine sowie die Schuhe ankleben. Die Gesichter auf die Gesichtsteile zeichnen und auf die Haarteile kleben. Mit rotem Filzstift die Zopfbänder aufmalen.

Eine Seefahrt, die ist lustig

Auf das größere Bootsteil das Hemd mit dem von hinten angebrachten Arm kleben. Den blonden Haarschopf und schließlich das Gesichtsteil mit dem zuvor aufgemalten Gesicht befestigen. Nun von vorne das kleinere Bootsteil aufkleben. Der Karton für Himmel und Wasser sollte ein Quadratmetergewicht von mindestens 250 g haben. Zusätzlich wird zumindest der Himmel auf der Rückseite mit einer dreieckigen Leiste aus Karton oder einer Holzleiste bzw. einem Holzstab stabilisiert. Die Schnäbel der Enten mit gelbem bzw. rotem Filzstift einfärben.

Die Bremer Stadtmusikanten

Katze und Esel bestehen im Gegensatz zu Hund und Hahn jeweils aus nur einem Teil, das mit schwarzem, rotem und grünem Filzstift bemalt wird. Beim Hund beidseitig die Ohren ankleben. Der Hahn wird aus sieben Teilen zusammengesetzt. Auf ein hellbraunes Rumpfstück das rote Kamm-Kehlsackstück, den Schnabel sowie den Schwanz kleben. Die Klebestellen mit dem zweiten hellbraunen Rumpfstück verdecken und beidseitig die Flügel anbringen.

Wenn der Frühling kommt…

Dieses Mobile besteht aus fünf Teilen. Die Tauben und den Herzrahmen genau an den markierten Stellen für die Fäden der Aufhängung durchstechen. Das weiße Nest kann entweder aus zwei Teilen zusammengeklebt oder, wie auf dem Foto, als ein Teil ausgeschnitten werden, wobei der vordere, nach unten gewölbte Nestrand mit einer Nagelfeile o. ä. eingedrückt wird. Die roten Eier in einem Stück ausschneiden und aufkleben.

Osterhasen

Die Schleife mit Schere und Messer ausschneiden und an der Rahmenspitze befestigen. Gegenüberliegend das Rasenpolster anbringen. Hasen und Eier aufkleben.

Osterküken

Beim eiförmigen Rahmen mit Nagelschere oder Messer zunächst die Innenfläche herausschneiden. Die äußere Kontur anschließend mit der Schere nachschneiden. Beim Ausschneiden der Schleife wird, zumindest für die Ösen, das Messer benötigt. Die Schleife an der Eispitze, die Küken und Blüten an der stumpfen Seite des Rahmens befestigen.

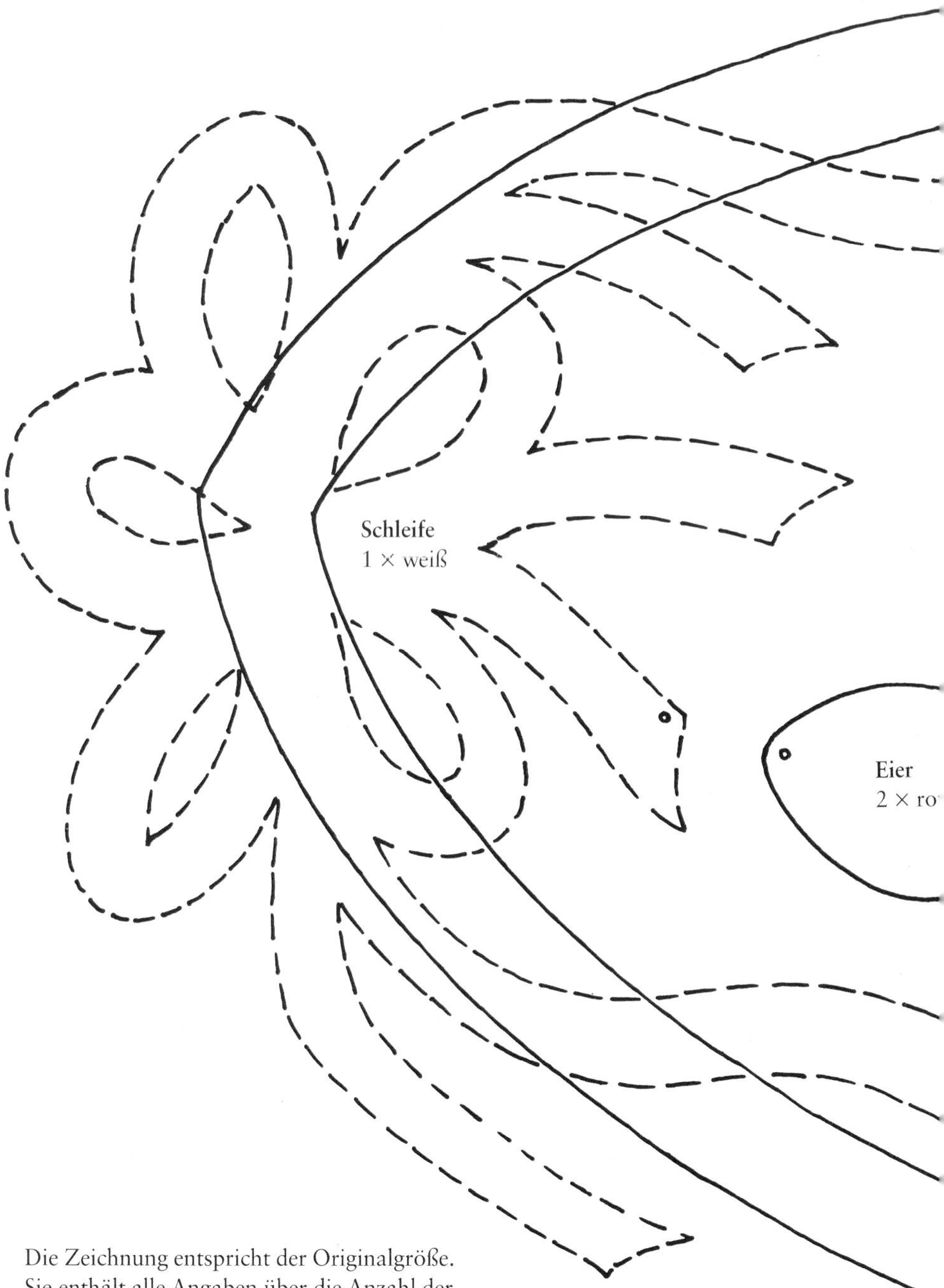

Die Zeichnung entspricht der Originalgröße.
Sie enthält alle Angaben über die Anzahl der
auszuschneidenden Teile.

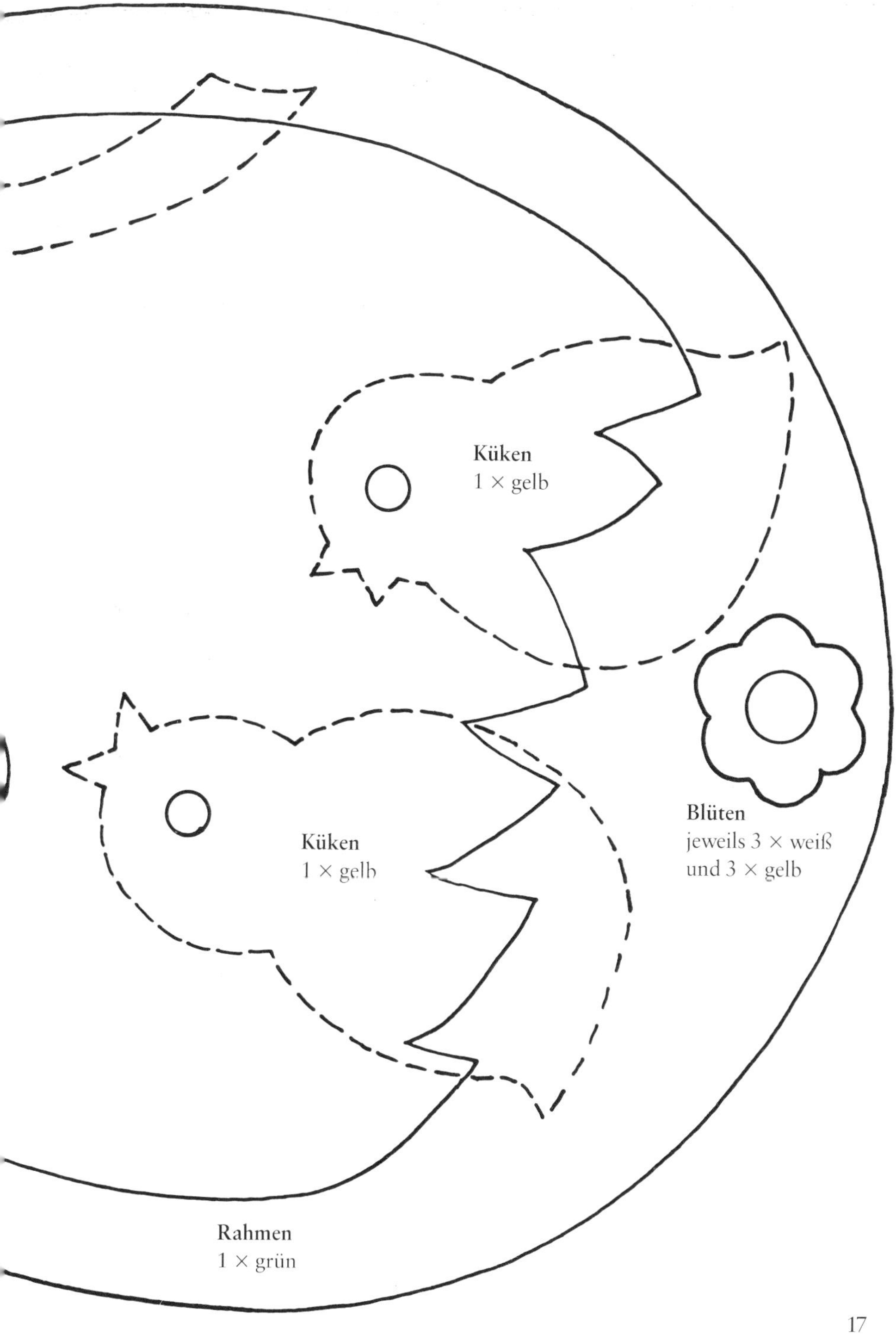
Küken
1 × gelb
Küken
1 × gelb
Blüten
jeweils 3 × weiß
und 3 × gelb
Rahmen
1 × grün

Hoppe, hoppe, Reiter! Wenn er fällt, dann schreit er!

◁ **Schaukelpferd:** Zwischen die beiden weißen Pferdeteile die Mähne, den Schwanz und die rote Wippe kleben. Augen, Nüstern und Hufe mit schwarzem Filzstift aufmalen. Beidseitig den Sattel aufkleben.

Reiter: Das Schaukelpferd und die verschiedenen Reiterteile auf den Vorlagenbogen legen. Zuerst einen Schuh, das Hosenbein, das Hemd mit der von hinten angeklebten Hand, das braune Haarteil und den gelben Hut mit hinterklebter Quaste anbringen. Auf der Rückseite dieselben Teile in der gleichen Reihenfolge befestigen. Mit Filzstift das Gesicht auf das Gesichtsteil zeichnen und auf das braune Haarteil kleben. Auf die beiden Hände mit schwarzem Filzstift die Haltegriffe als Punkte aufzeichnen.

Hast du schon von den roten Blüten probiert?

Der Rahmen besteht aus dem bogenförmigen Himmel und der daran befestigten Hügellandschaft. Bei den beiden Schafen paßt der braune Kopf mit dem Ohr genau in die Einbuchtung am Rumpf. Mit Pritt Alleskleber auf den Kopf das kleine Wollteil kleben. Die Beine von der Rückseite her anbringen. Auge und Nasenloch mit schwarzem Filzstift einzeichnen. Am Himmel die Wolke und die Baumkrone befestigen. Anschließend den Stamm, die Vögel und Blüten anbringen.

Mit dem Dreirad unterwegs

Dreirad: Auf das schwarze Rad beidseitig eine kleinere, gelbe Kartonscheibe kleben. Die Radgabel (gestrichelt), beginnend im Radmittelpunkt, ebenfalls beidseitig aufkleben. Etwa im rechten Winkel zur Radgabel die beiden Pedale anbringen. Nun zunächst ein Teil des gelben Gestells an der Radgabel befestigen. In Verlängerung zur Radgabel die Lenkstange fixieren. Das Hinterrad ankleben. Bevor das zweite gelbe Gestellteil befestigt wird, muß noch der Puppenkorb mit dem zwischen den beiden Korbteilen fixierten Puppenoberkörper angebracht werden. Den Puppenkopf auf den Rumpf kleben und darauf beidseitig die Mütze befestigen. Das Gesicht kann auf Vorder- und Rückseite aufgezeichnet werden.

Mädchen: Die beiden Hosenteile auf den Vorlagenbogen legen und die Schuhe daran befestigen. Darauf achten, daß an einem Hosenbein der Schuh von vorne, am anderen von hinten angeklebt wird. Das Dreirad auf den Vorlagebogen legen und beide Hosenbeine daran festkleben. Ein gelbes Hemdteil daran fixieren. Den Kopf anlegen und mit dem aufgeklebten schwarzen Haarteil festhalten. Von hinten die Hand am Hemd befestigen und von vorne auf die Lenkstange kleben. Auf der Rückseite zunächst die andere Hand, dann das Hemdchen und schließlich das zweite Haarteil ankleben.

Reife Pflaumen sind etwas Feines

Den doppelt ausgeschnittenen Stamm paßgenau beidseitig an der Baumkrone befestigen. Auf das rechteckige rote Korbteil zwei Pflaumen so anbringen, daß sie oben etwa zur Hälfte überstehen.

Anschließend das zweite Korbteil genau auf das erste kleben. Nun den Bügel auf Vorder- und Rückseite des Korbes befestigen. Den Korb am Stamm fixieren. Die Pflaumen sowie einige Blätter und die beiden Schmetterlinge ankleben. Eine Pflaume an einem Faden an der Baumkrone befestigen.

Hopp, hopp, hopp! Pferdchen lauf Galopp!

Pferd: Auf das braune Rumpfteil beidseitig Mähne, Ohren und Schwanz kleben. Augen, Nüstern und Hufe mit breitem, schwarzem Filzstift aufmalen. Der Zügel besteht beidseitig aus zwei Teilen. Ihre schmale, gebogene Form kann Schwierigkeiten beim Ausschneiden bereiten. Auf den Zügel kann daher auch ganz verzichtet werden. Dann hält sich das Mädchen an der Mähne fest. Beidseitig den Sattel aufkleben.

Reiterin: Das Pferd auf den Vorlagenbogen legen. Darauf die ausgeschnittenen Teile der Reiterin in folgender Reihenfolge anordnen und festkleben: den Schuh, 1 Hosenteil, 1 blaues Rumpfteil des Pullovers, 1 Pulloverärmel mit von hinten angeklebter Hand, 1 gelbes Haarteil. Das Gesicht mit feinem, schwarzem Filzstift und rotem Farbstift aufzeichnen und auf dem bereits angeklebten gelben Haarteil fixieren. Auf der Rückseite die restlichen Teile in derselben Reihenfolge befestigen. Die beiden roten Zopfbänder mit rotem Filzstift aufmalen.

Regentröpfchen, fall nicht auf mein Köpfchen

Bis auf den Korb alle Teile nur einmal ausschneiden. Rumpf, Schnabel und Beine auf dem Vorlagebogen anordnen und zusammenkleben. Zwischen oberer und unterer Schnabelhälfte kann noch mit einer Nagelfeile eine Trennungslinie (gestrichelt) eingraviert werden. Die Augen entweder ausschneiden oder mit Filzstift aufmalen. Zwischen die beiden blauen Korbteile den Tragegriff und die roten Beeren kleben. Den nach unten weisenden Flügel entlang der punktierten Linie umschlagen, den Korbtragegriff einhängen und am Rumpf befestigen. Am großen Schirmteil (durchgezogene Linie) zunächst den Schirmstock fixieren. Den zweiten Flügel ebenfalls umschlagen, den Schirmbügel einlegen und ankleben sowie den Schirm von hinten am Kopf fixieren. Nun das letzte Schirmteil (punktiert) von vorne aufkleben.

Teddy hat einen neuen Hut

Auf den Bärenkörper, dem ein Arm und die Ohren fehlen, beidseitig die zwei Hosen- bzw. Hutteile ankleben. Die Hose vorne mit einer gelben Tasche verzieren. Am Hut beidseitig das Hutband anbringen. Die zweiteiligen Ohren von vorne auf den Hut kleben. Die weiße Schnauze fixieren und mit Filzstift das Gesicht aufmalen. Auf den Korb den Tragegriff und die Beeren kleben. Das Körbchen von vorne an die Hose anlegen und den rechten Bärenarm anbringen. Auf die linke Vordertatze den Vogel setzen.

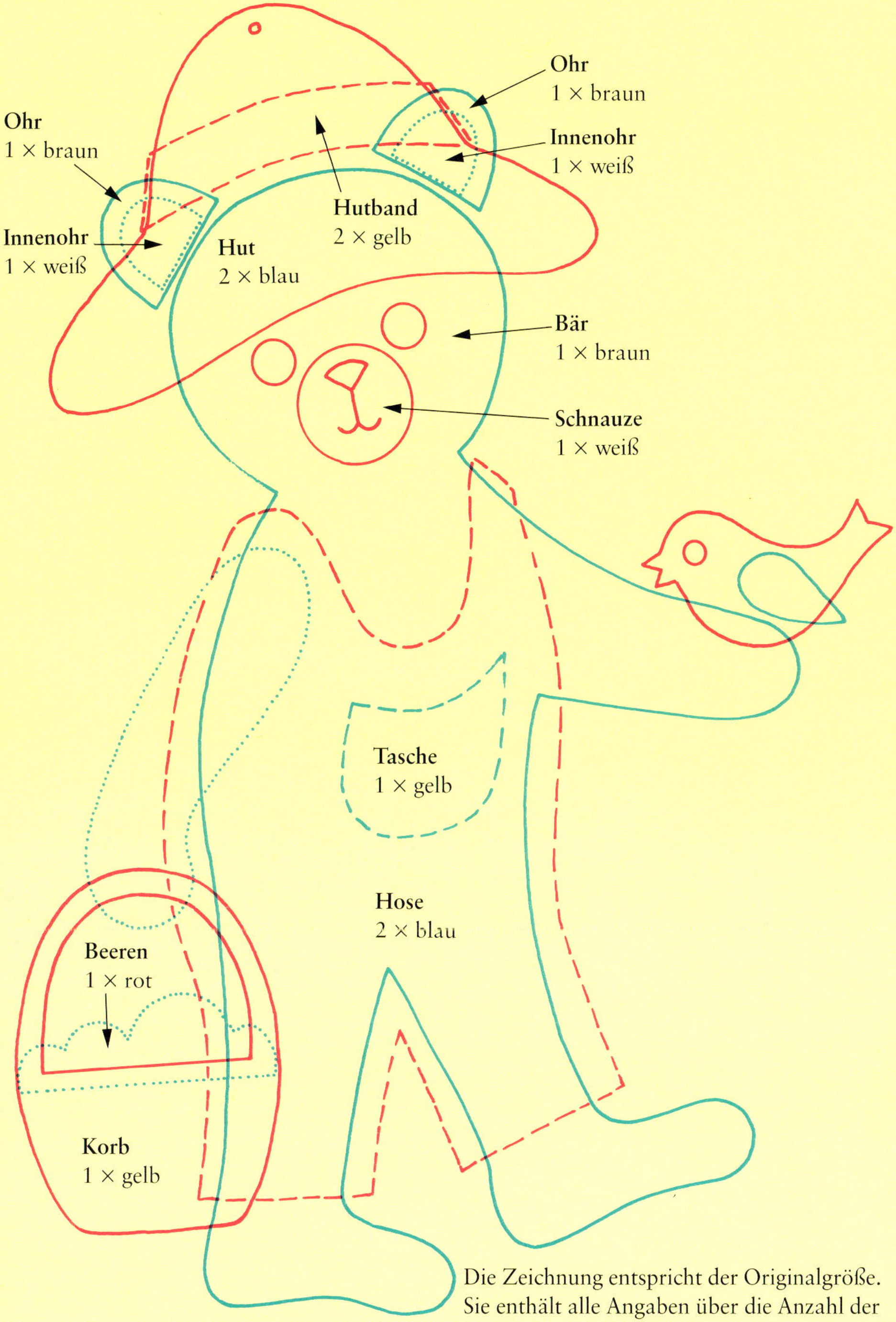

Die Zeichnung entspricht der Originalgröße. Sie enthält alle Angaben über die Anzahl der auszuschneidenden Teile.

Die Zeichnung können Sie zum Durchpausen verwenden. Sie enthält jeweils die Anzahl der auszuschneidenden Einzelteile.

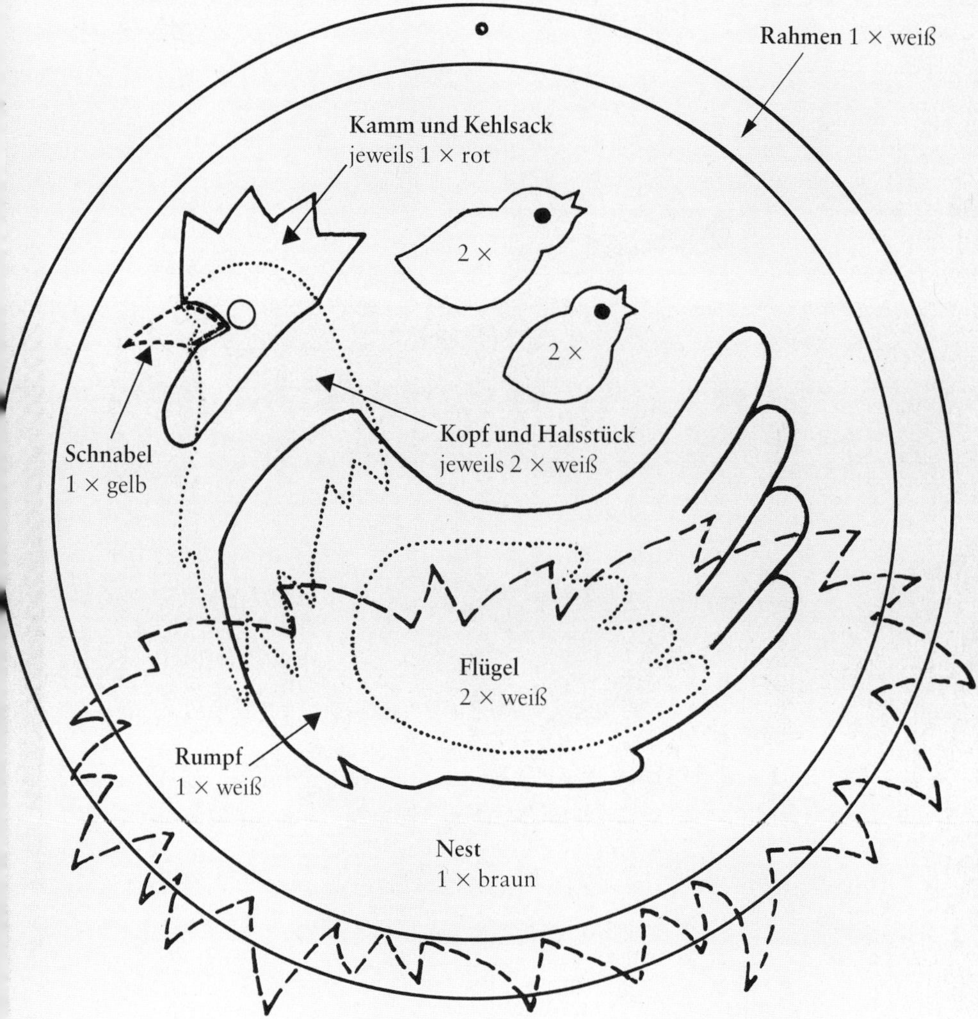

Endlich sind alle ausgeschlüpft!

Das weiße Kopf-Halsstück der Glucke und den Flügel doppelt ausschneiden. Auf den Rumpf ein Kopf-Halsstück kleben. Am Kopf von hinten das Kamm-Kehlsackstück und den Schnabel anbringen und darauf das andere Kopf-Halsstück befestigen. Die Flügel beidseitig nur mit einem Klebepunkt fixieren. Die Glucke auf das Nest und dieses in den Rahmen kleben. Abschließend die Küken im Nest verteilen.

Na, wie gefalle ich euch?

Frosch: Die Hinterbeine von hinten an den Rumpf kleben. Auf der Vorderseite die beiden weißen Augen mit den aufgemalten schwarzen Pupillen, das Maul und den hellen Brust-Bauchfleck anbringen. Die Nasenlöcher mit schwarzem Filzstift markieren.

Auf den Grasfleck die beiden Pilzteile und den Marienkäfer kleben. Die schwarzen Teile des Käfers mit Filzstift aufmalen. Die Pilzhüte auf die Stiele kleben und den Frosch auf den großen Pilz setzen.

Hab' keine Angst, Teddy

Für ein Wandbild alle Teile nur einmal ausschneiden. Vor dem Zusammenkleben die Teile auf dem Vorlagenbogen anordnen. Auf das blonde Haarteil das Gesicht kleben. Den Kopf und den Arm auf dem Pullover anbringen. Von hinten den Handschuh sowie die gelbe Hose samt dem Schuh befestigen. Das Mädchen auf den Schlitten kleben und den Teddy von hinten auf ihrem Schoß anbringen. Den Arm des Bären nicht vergessen. Schlitten, Mütze, Vogel und Hase auf den Rahmen kleben.

Vor der Bescherung

Auf das rote Rumpfteil das Haar-Bartteil, die weißen Armaufschläge, die Knöpfe und die Mützenspitze kleben. Mit einem feinen schwarzen Filzstift Mund, Nase und Augen aufzeichnen. Den Weihnachtsmann in den Rahmen legen.

Auf dem Rahmen zunächst den Stiefel fixieren. Beidseitig den weißen Mantelsaum aufkleben. Zusätzlichen Halt verleiht ein Klebepunkt am rechten Armaufschlag. Die Bänder der Päckchen und Pakete wurden entweder mit Filzstift aufgemalt oder es handelt sich um dünne Kartonstreifen. Päckchen, Pakete, Sterne und den Sack fixieren.

Und ab geht die Post

Beim Zusammenkleben die ausgeschnittenen Teile auf dem Vorlagebogen anordnen und in dieser Reihenfolge zusammenkleben: An einem Hosenteil von hinten die beiden Schuhe fixieren. Darauf ein blaues Anorakteil samt Kapuze sowie das rosa Gesicht und den Haarschopf befestigen. Nun den Schal anbringen. Am Ärmel von hinten den roten Handschuh ankleben. Anschließend den Ärmel am Anorak fixieren. Den Jungen auf den Schlitten kleben.

Auf der Rückseite zuerst das zweite Hosenteil, dann das andere Anorakteil, den Schal und den Ärmel mit dem Handschuh ordentlich anbringen.

Den Schlitten auf den Schnee kleben.

Die Zeichnung entspricht der Originalgröße. Sie enthält alle Angaben über die Anzahl der auszuschneidenden Teile.

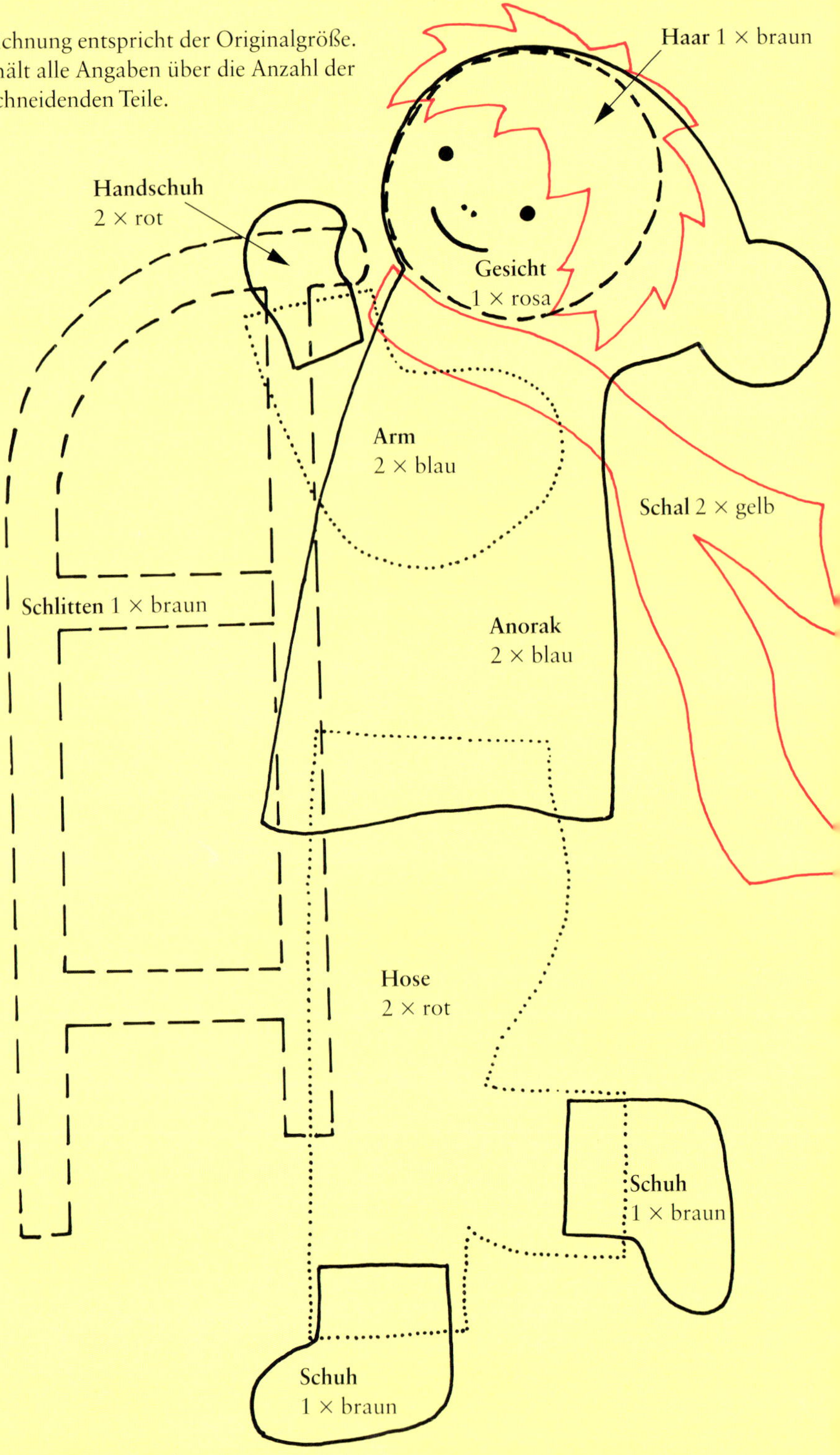